ज़िंदगी, कागज़ और तुम

शब्दों के दरमियान

रीना पाण्डेय 'सुर्मी'

BookLeaf Publishing
India | USA | UK

Made with ❤ on the BookLeaf Publishing Platform
www.bookleafpub.in
www.bookleafpub.com

Dedication

समर्पण

"यह पुस्तक उन स्तंभों के नाम, जिनके बिना मेरा अस्तित्व और मेरे शब्द, दोनों अधूरे हैं..."

मेरे जीवन की इस पहली कृति को मैं ईश्वर और अपने माता-पिता के चरणों में अर्पित करती हूँ।

Preface

भूमिका

इस काव्य-संकलन की प्रत्येक रचना जीवन के विभिन्न कालखण्डों में अनुभूत उन भावों की अभिव्यक्ति है, जिन्हें कभी नयन - नीर बनकर जिया, कभी हृदय ने मौन रहकर सहा, और कभी आत्मा ने शब्दों में ढाल दिया।

कुछ कविताएँ स्मृतियों के आलोक से दीप्त हैं, कुछ समय के कठोर सत्यों से; और कुछ केवल उस अनाम भाव की प्रतिध्वनि हैं, जिसे शब्द पूर्णतः व्यक्त करने में सदैव असमर्थ रहे हैं।

यह पुस्तक मात्र कविताओं का संग्रह नहीं, अपितु मेरे अन्तर्मन की उन अनुगूँजों का संचयन है, जिन्हें जीवन ने विभिन्न रूपों में स्पर्श किया। यदि इन शब्दों में आपको अपने जीवन का कोई विस्मृत क्षण, कोई मौन संवाद, कोई अपूर्ण वेदना अथवा कोई आत्मीय स्पर्श अनुभव हो – तो यही इस लेखनी का परम सौभाग्य होगा।

"शब्दानां चैतन्यं त्वां स्पृशतु"।

Acknowledgements

आभार

मैं अपने मातामह-मातामही तथा पितामह-पितामही के श्रीचरणों में श्रद्धापूर्वक प्रणाम अर्पित करती हूँ, जिनके संस्कार, स्नेह और जीवन-मूल्यों ने मेरे व्यक्तित्व की आधारशिला रखी।

अपने माता-पिता के प्रति मैं हृदय की अनंत गहराइयों से कृतज्ञ हूँ, जिनके निःस्वार्थ प्रेम, विश्वास और त्याग ने मुझे हर परिस्थिति में दृढ़ बने रहने की शक्ति दी।

मेरी स्वसारौ का विशेष आभार -
जिनकी तीखी बातों और ठोक-पीट ने मुझे भीतर से इतना दृढ़ बना दिया कि अब दुनिया के किसी भी शब्द और व्यक्ति विशेष में मुझे राख में तब्दील करने की शक्ति नहीं रही। ;)

समर्पित उन सुहृदः को-
जिन्होंने मित्रता के अर्थ को केवल शब्दों तक सीमित नहीं रखा, बल्कि उसे अपने स्नेहपूर्ण व्यवहार और साधर्मम् से जीवंत किया। जो विपरीत परिस्थितियों में भी अडिग रहा, और उस निस्वार्थ प्रेम के नाम, जिसमें न कोई शर्त थी, न कोई अपेक्षा — केवल विश्वास, स्वकीयत्व और हर परिस्थिति में साथ निभाने का हृदयङ्गम भाव।

अंततः, उन सभी व्यक्तियों, स्मृतियों, अनुभवों और भावनाओं का

आभार, जिन्होंने प्रत्यक्ष अथवा अप्रत्यक्ष रूप से मेरी लेखनी को संवेदना प्रदान की।

यह पुस्तक सिर्फ़ मेरी नहीं,
उन तमाम लोगों और लम्हों की भी है
जो कभी मेरी ज़िंदगी की राहों से गुज़रे
और मेरी रूह में शब्द बनकर हमेशा के लिए ठहर गए।

सच तो यह है कि...

त्वं न चेत्, एते शब्दाः न स्युः।

– रीना पाण्डेय 'सुर्मी'

1. घर की छत से कुछ लोग

घर की छत से कुछ लोग
कितना कुछ ढक कर सुकून देते हैं।
रहने का आसरा, आस, विश्वास
और आपके होने को वजूद देते हैं –
घर की छत से कुछ लोग।

खिड़की से आई सुबह की रोशनी को
आपकी झोली में भर देते हैं।
आपके सपनों को हर रंग देते हैं।
क्यों कर कुछ लोग घर की छत जैसे होते हैं।

आपकी कमियों को ढककर
तराशने का प्रबंध करते हैं।
क्यों कुछ लोग घर की छत जैसे होते हैं।

गरम-सर्द विचारों से बचाते,
आपकी जड़ों को सिंचते,
सही-गलत का फर्क बताते,
अनुकूल वातावरण देते हैं।
क्यों कुछ लोग घर की छत जैसे होते हैं।

जीवन की तीक्ष्ण धूप में,
छाँव बन ठहर जाते हैं।
थककर लौटो जब जीवन से,
तो चुपचाप सिरहाने बन जाते हैं।
दरकते मन कि दीवारों को
धीरे-धीरे घर बनाते हैं।

क्यों कुछ लोग घर की छत जैसे होते हैं।
क्योंकर - कुछ लोग घर की छत जैसे होते हैं॥

2. दक्ष-यज्ञ और पार्वती

हिमगिरि के आँगन में,
एक दिव्य कली मुस्काती थी,
सती नाम की वह कन्या,
शिव में अपना जग पाती थी।

जटाजूट, भस्म-विभूति,
व्याघ्रचर्म का अद्भुत श्रृंगार,
भोलेनाथ के उस स्वरूप पर,
मुग्ध था सती का सम्पूर्ण संसार।

किन्तु दक्षराज के मन भीतर,
अहंकार का था ज्वालामुखी,
राजवैभव के सम्मुख उनको,
शिव का वैराग्य करता था दुःखी।

रचा गया फिर महायज्ञ,
गूँजे वेदमंत्र दिशाओं में,
देव, गंधर्व, ऋषि सब आए,
मंगलमय उन छायाओं में।

पर शिव और सती के यहाँ,
निमंत्रण तक भी न आया,
अपमान का वह सूक्ष्म विष,
दक्ष के, मन ने फैलाया।

सती बोलीं करुण स्वर में—
"नाथ! पितृगृह मैं जाऊँगी।"
शिव बोले शांत भाव से—
"जहाँ तिरस्कार हो, वहाँ वेदना पाओगी।"

फिर भी सती यज्ञ में पहुँचीं,
पर स्नेह कहीं भी दिखा नहीं,
दक्ष के कटुवचन सुनकर,
अंतर का धैर्य रहा नहीं।

काँप उठी वह सभा अचानक,
जागा स्वाभिमान प्रखर,
"जिस तन ने शिव-निंदा सुनी,
उसका जीवन अब है व्यर्थ।"

यज्ञाग्नि में स्वयं समाकर,
सती ने देह को त्याग दिया,
रो उठा आकाश समस्त,
धरती ने भी संताप लिया।

जब यह समाचार पहुँचा शिव तक,
रुद्ररूप फिर जाग उठा,

वीरभद्र के संग शिव का,
तांडव सम्पूर्ण जग पर छा उठा।

भंग हुआ फिर दक्ष का दर्प,
मिट गया सारा अभिमान,
तब जग ने पहचाना सच में,
महादेव का है दिव्य स्थान।

फिर पार्वती बन जन्म लिया,
हिमालय के पावन द्वार,
तपस्या, श्रद्धा और प्रेम से,
पाया शिव का पुनः सत्कार।

युगों-युगों तक अमर रहेगी,
यह पावन प्रेमकथा अनुपम,
जहाँ समर्पण ही आराधना,
और शिव ही जीवन का सत्यम्॥

॥ शिवोऽहम् ॥
॥ शिवोऽहम् ॥

3. आख़िर मैं भी इंसान हूँ

आख़िर मैं भी इंसान हूँ,
दे दो हमें ऐसा आश्रय,
जो केवल हमारा हो,
न हो कोई पराश्रय,
न कोई जाति–पाँति का भेद,
न कोई नियत भूमिका।
निवास के लिए दे दो बस एक टुकड़ा ज़मीन,
सिर्फ एक, एक ही चिन्ह।
देखो, देने से इंकार न करो,
हम अनाथों की हस्ती बरक़रार रहने दो।
हम तुम्हारे लिए दुआ करेंगे,,
राह-दर-राह तुम्हारा नाम लिया करेंगे।
अरे... यह क्या?
हमारी हालत पर तनिक तरस खाओ!

सुनो तो सही...
हम भी इंसान हैं, हमारे लिए भी
एक घर बसाओ।

4. वर्षा

१.

बरसात है बरखा तरंग,
उद्विग्न- सी है बहार, है जो संग।
मौसम सुहावना मनभावन,
बजत है जलतरंग।

लागै डरियन पर झूले,
पत्ते-पत्ते धुले।
धवल शुभ्र हरित पावन,
आया है यह सावन।

२.

झम-झम घनघोर बरसात,
यहाँ-वहाँ गिरी टपक-टपक।
जो भी बची थी छत, हुई गीली,
बस अब यही अखरत।

भीगे आँगन, भीगी देहरी,
शिव-मंदिर की जलहरी

गलियों में भी जल की आहट।
संग ले आई वर्षा करवट।

३.

आज वर्षा आई थी,
साथ वर्षों पुरानी याद लाई थी।
खुशी थी, संदेश तो भेजा,
पर आज फिर रुलाई आ गई।
आज बरसों बाद, फिर तुम्हारी याद आ गई।

भीगी पलकें चुपचाप रहीं,
मन में अनकही सी बात रही।
बूँदों संग बहते रहे क्षण,
और स्मृतियों की रात रही।

5. नौकरी

१.

न जाने क्या आया था,
न जाने क्या चला गया,
बस एक ठहरा हुआ मौसम
रूह में उतरता चला गया।
ख़्वाबों की भी एक बारात थी,
मेरे अफ़कारों के आँगन में,
चराग़ भी जले थे कभी
उम्मीदों के दामन में।

मगर मुहँ-दिखाई की वो रस्म
मुकद्दर में लिखी ही न थी,
हर दहलीज़ ने यही कहा–
"ये ख़ुशी अभी तेरी नहीं।"

मैं भी कई दफ़ा
अरमानों का सेहरा बाँधकर
निकला था दुल्हन लाने,

मगर हर बार
मंज़िल से कुछ क़दम पहले
कोई फ़रमान उतर आया।

और फिर
सारे नग़मे, सारी शहनाइयाँ
ख़ामोश हो गईं।
किसी ने बस इतना कहा–
"ये रिश्ता मुमकिन नहीं।"

फिर पता चला,
दुल्हन तो किसी और की हो चुकी है,
क्योंकि वहाँ
दूल्हों की कमी न थी।

और इधर–
मैं अब भी खड़ा हूँ,
अपने ही वजूद की चौखट पर,
जहाँ रोज़
एक नई जंग छिड़ती है–
रोटी, उम्मीद
और आत्मसम्मान के दरमियान।

२.

उस काल में–
लक्ष्य-भेदन ही अर्जुन
के कर्म का मर्म था।
आज–
धनुष उठाए असंख्य अर्जुन खड़े हैं,
उनमें एक मैं भी हूँ।
किन्तु आज
न वह लक्ष्य शेष है,
न वैसा एकाग्र मन,
और न ही मैं
उस अर्जुन के सम।
तब भी मन पूछ उठता है–
क्या लक्ष्य-भेदन संभव हो पाएगा?
क्या इस मर्म का रहस्य उद्घाटित होगा?
क्या सुप्त भाग्य पुनः जाग उठेगा?
या फिर–
संशयों और संघर्षों के
इस विराट कुरुक्षेत्र में,
स्वयं को साधते-साधते
एक दिन
मेरा भी लक्ष्य भेदा जाएगा।

३.

एक नौकरी मुझसे
वो सब ले गई,
जिसमें मेरी रूह गुलज़ार थी।
वो खटिया, खटोले,
वो पोखर, वो नाले,
वो हैंडपंप का पानी,
वो कुओं की कहानी।
वो आँगन में फुदकती चिड़ियाँ,
रसोई से उठता धुआँ,
चूल्हे पर सिकती सोंधी-सोंधी रोटियां,
वो नहरों को काटना,
खेतों में पानी बाँटना–
मिट्टी से लथपथ पैरों संग
वो खेतों में बीती उम्र।

वो छत पर तारों की छाँव,
हमारा भरा-पूरा गाँव।
सुबह-सुबह पिताजी की डाँट,

माताजी का गोहराना,
कंधों पर बस्ता टाँगे
स्कूल की राह जाना।
मित्रों संग बेफ़िक्र बाकैतियाँ,
खेलों की छोटी-छोटी रणनीतियाँ,
हार में रूठना,
जीत में इतराना—
कितना सरल था तब
जीवन को जी जाना।
अपनी बगिया के आम के पेड़,
घर के पास लगा वो मीठा बेर।
लोटे के साथ सुबह-सुबह
खेतों की पगडंडियों वो सैर,
बुधना से दुहे गए दूध की छाँछ,
आज भी यादों में देती है आँच।
चौराहे के समोसे, बालूशाही, नमकपारे—
अब कभी-कभी मिलते हैं सारे।
जीने से वो ऊपर जाना,
मुंडेर से नीचे झाँकना,
ट्रैक्टर से खेतों की गुड़ाई।
बरसात आते ही
घुटनों तक भर आता पानी,
और उसी पानी में
कागज़ की नावों संग
बहती जाती थी बचपन की कहानी।
धीरे-धीरे
सब छूटता चला गया—

गाँव, आँगन, खेत, चौपाल,
पर आज भी
कभी-कभी स्मृतियों के किसी कोने से
आवाज़ आती है–
मेरे घर के उस बंद पड़े किवाड़ के पीछे
एक अविस्मरणीय दुनिया अब भी साँस लेती है,
यह मेरी यादों को ठंडी-ताज़ी हवा के
झोंकों से भर देती है।
हाँ, मेरी हर साँस में
वो दुनिया आज भी पलती है,
मिट्टी की उस सोंधी खुशबू में
मेरी रूह आज भी ढलती है।
समय भले ही दूर ले आया,
पर मन वहीं ठहर जाता है–
जहाँ बंद पड़े उस किवाड़ के पीछे
मेरा बचपन अब भी मुस्कुराता है।

6. उड़ान

कभी-कभी सोचता हूँ,
जीवन में गहराई पाऊँ,
इतना ऊँचा उठूँ कि
आसमान के पार जाऊँ।

मन कहता है –
गर पंख होते मेरे,
आसमाँ के कोने-कोने नापता,
उन पंखों को फैलाकर
अनंत दिशाओं में खो जाता।

पर
दर्द की छाया जो पड़ी मुझ पर,
फिर भी चेहरे पर हँसी रही छाई ।
मैं नहीं चाहता
कोई जाने
मेरे इस दिल की गहराई।

नाप न पाए कोई
मेरे आसमान में उड़ने सपनों को,

क्योंकि फिर
जी न सकूँगा
समेटे अपने आप को।

7. लौह-लोचन

वह आँखें नहीं थीं केवल,
मानो लोहे के थे दो द्वार,
जिनके पीछे बंद पड़े थे
कितने ही टूटे संसार।

उसकी आवाज़ में ऐसा भार,
जैसे आदेशों का तूफ़ान,
जिसमें धीरे-धीरे खोता गया
हर अपना, हर अरमान।

कब हँसना है, कब चुप रहना,
किससे मिलना है, क्या है कहना –
जीवन जैसे जीवन न होकर
बस उसकी इच्छा का है गहना ।

मैंने देखा है–
कैसे डर चुपचाप जन्म लेता है,
जब प्रेम के नाम पर
हर साँस पर पहरा रहता है।

उसकी कठोर निगाहों में
शायद कोई अधूरा दर्द था,
जो अपनों को बाँध-बाँधकर
अपना होना सिद्ध करता था।

पर भीतर कहीं,
उन लौह-लोचन के पीछे
कुछ लौह-*अश्रु* भी पलते थे–

जो गिर नहीं पाते थे कभी,
बस चुपचाप भीतर गलते थे।
वह भूल गया था–
प्रेम बंधन नहीं होता,
न अधिकार की ऊँची दीवार,
प्रेम तो वह दीप है
जो जलता है देकर विस्तार।

मुट्ठी में कैद रेत की तरह
रिश्ते भी फिसल जाते हैं,
जब उन्हें बहुत कसकर
थाम लिया जाता है।
और फिर एक दिन–
चारों ओर लोग तो थे,
पर अपनापन कहीं था खो गया ,

उन लोहे-सी आँखों के नीचे
एक पूरा घर सो गया।

अब उस सूने आँगन में
सिर्फ़ ख़ामोशी रहती है,
जहाँ कभी नियंत्रण की आँधी थी,
वहाँ अब स्मृतियों की राख बहती है।
तब पहली बार
लौह-लोचन की पलकों पर
एक लौह-*अश्रु* काँपा था...
जो वर्षों से पत्थर बने मन में
धीरे-धीरे पिघला था।

8. मनन

यह ममत्व निर्भीक है,
स्वयं दैव्य प्रतीक है,
हाथ जोड़ करबद्ध नमन,
देवी करते हम मनन|
हो प्राप्त सर पर तुम्हारा हाथ,
हो ग़ार न कोई साथ,
देवी तुमको नमन,
हृदय से करते हम मनन |
हृदय से करते हम मनन |

तेरी कृपा की छाँव मिले,
मन को नव विश्वास मिले,
अंधकार में दीप बनो,
जीवन को मधुमास मिले।
श्रद्धा से झुके ये नयन,
सौंपें तुमको अपना जीवन,
देवी तुमको नमन,
हृदय से करते हम मनन।
हृदय से करते हम मनन।

करुणा का अविरल सागर हो,
तेरा स्मरण ही गागर हो,
जब डगमगाए मन की नैया,
तू ही उसका पतवार हो।
तेरी शक्ति से हो स्पंदन,
तेरी भक्ति बने जीवन,
देवी तुमको नमन,
हृदय से करते हम मनन।
हृदय से करते हम मनन।

9. ज़िंदगी

ज़िंदगी की तरफ मुस्कुरा कर देखो,
ये खेल है–
कभी पास, कभी फ़ेल है।
पर हार कर बैठ मत जाना,
आशाओं के दीप जलाना
और प्यार से मुस्कुराना।
हर बार की तरह सागर की तरंगें
छोड़ नहीं जाएँगी,
कभी भी वो समय आ सकता है
जब वो तुम्हें अपने साथ सुहाने
सफ़र पर ले जाएँगी।

10. साथी

ना जाने कहाँ से,
रास्ते एक हो गए।
साथ चलते-चलते,
फ़ासले कम हो गए।
जीवन में मिलना-बिछुड़ना,
एक दस्तूर है,
इसमें भला किसी का
क्या कसूर है।

वक़्त की धारा हमें
बहुत दूर ले जाएगी,
राहें फिर बदलेंगी
और तुम याद आओगी।

11. कुछ ऐसे ही

१.

बाल सूर्य ने –
थोड़ी-थोड़ी कर,
धीरे-धीरे रोशनी फैलायी।
देखते ही देखते
दूर तक
सुनहरी धूप झिलमिलायी।

२.

जीवन चक्र चलता है,
आयु के संग निकलता है।
सदा कुछ ऐसा करने की
कोशिश करो,
जिसे देख
सबका दम निकलता हो।

३.

सपने जो होते हैं सिर्फ अपने,
ईर्द-गिर्द घुमाते अपने।
दूर ले जाते हैं बहुत,
सपने लक्ष्य होते,
इंसां के अरमान होते हैं।
होते हैं समुंदर विविधताओं के,
कभी सतह पर, कभी ऊँचे,
कभी गहरे होते हैं।
इतने गहरे कि सब डूब तक जाते हैं,
सपनों वाली हक़ीक़त में गोते लगा,
सुख पाते हैं।

४.

ज़िंदगी समझ में आती नहीं,
तक़दीर! क्या सब है?
मेहनत का क्या दर्द है?
भविष्य-निर्माण कहाँ से होता शुरू?
क्या दिली ख़्वाहिश सबसे ऊपर है?
दिमाग़ और दिल — दो रास्ते,
कहाँ जाएँ, कैसे जाएँ,
यही एक सज़ा है।
स्वतंत्रता चाहता है मन,
पर परंपरा ने बाँधा है तन।
विचारों की आँधी, आँखों के बादल
बरसने को हैं।

फिर एक टिमटिमाती लौ,
अँधेरे में उठती,
इसी ने आशा बँधाई
लड़की की।

५.

मैंने अभी-अभी तो जन्म लिया,
फिर भी मृत्यु को बहुत पास से देखा।
माँ ने जन्मा,
कष्ट सहा, पीड़ा सही,
पर जन्मते ही छोड़ गई संसार में –
उसी संसार में
जो स्वार्थ से है परिपूर्ण।
नवीन प्राणी में,
दुःख तो मुझे भी हुआ,
बहुत पीड़ा भी हुई –
माँ को न देख पाने की,
उसको "माँ" न कह पाने की,
उसके आँचल में न खेल पाने की।

12. कसक

दुःख और पीड़ाओं का संसार
जो मुझ किशोरी ने
बचपन से ही पाया।
वह अनंत-सी टीस
जो मन में उभरती रही,
पर हर बार
मन ही मन सिसकी बन
ठहरती रही।
काश!
कभी तो मैंने वह प्यार पाया होता
जिसकी आशा की थी,
पर
कभी मिल न पाया।

13. मेरी माँ

उसने हर पल दुःख सहा,
फिर भी पक्ष लेती रही उसका,
जिसने उसे दुःख दे
निढाल किया।

जलती रही,
दुःख की अग्नि में हमेशा,
हम सब पर ममता लुटाने के लिए।

मैंने उन्हें जीताने की कोशिश की –
जिस दुःख से वो हारी थीं,
पर वो फिर भी न मानीं,
पूर्ववत रहीं।
उसी दुःख से लड़ती रहीं,
और दुःख समेटती गईं
फिर से लड़ने के लिए।

14. मेरी व्यथा

जाने क्यों यह जीवन भी,
किस्मत के आगे बिखर गया,
जन्म लेते ही सिर से,
जन्मदात्री का साया उठ गया।

मुँह से बोल भी न फूटा था,
पर रोते-रोते बेहाल था मैं,
आख़िर माँ के जाने का दुःख
सिर्फ़! और सिर्फ़ मुझे था।

सिर से माँ का साया क्या उठा,
अपनों ने ही मुँह फेर लिया,
वे तो शून्य में लोप हो गयी,
छोड़ मुझ नवजात को अकेला।

मुझे पहुँचा दिया "अनाथालय",
मुझ अबोध का यह नया आश्रय।
पहला – माँ की गोद,
दूसरा – यह अनाथालय।

शायद, भगवान को यह भी मंज़ूर न था,
इंद्र के प्रकोप से यह भी ढह गया।
आज सोचता हूँ यही हर पल,
उस "दिव्यपुंज" के न रहने पर
मैंने क्या-क्या नहीं सहा।

गर, वो "दिव्यज्योति" यहाँ होतीं,
तो क्या मुझे यह सब सहने देतीं?
अपनी तन्हाइयों में
खोजता हूँ उस ममता को,
उसके प्यार की उमड़ती हुई "धारा" को,
उस ममतामयी स्पर्श को,
जिससे आज तक हूँ वंचित।

सबसे ज़्यादा दुःख यह –
"माँ" का साया नहीं सिर पर।
जीभ ललचाती है,
सिर्फ़ "माँ" कहने को,
पर माँ कहूँ किसे?
इसी कठिन, मुश्किल प्रश्न ने घेरा है।
यही मेरी व्यथा है, जो मेरे लिए
सबसे बड़ा अँधेरा है।

15. बड़े भैया

नीली-नीली आँखों में
तैरता सुनहला प्यार,
बचपन की यादों में कैद
बंद वो किवाड़।

जिनके पीछे बड़े-से
आँगन में सपनीला-सा संसार,
एक कोने में बैठी माँ –
मथती दही,
मक्खन का वो स्वाद
अब भी आता है याद।

साथ में लाता है
माँ की चाभी,
बैलों की घंटा बजती रुनझुन,
बापू की छड़ी,
दादी का खँखारना,
बुआ का दिन-भर इधर-उधर नाचना।

तुम और मैं

खेलते-कूदते बड़े हुए,
एक-एक कर
सब दूर होते गए।

वो तुम्हारा टहलना,
तुम्हारे पाँव पर मेरा झूलना,
आज भी खुशी मिलती है,
तुम्हारी ठंडी छाँव में।

16. इंतज़ार

१.

चिर सिंहासन पर बैठा मैं
तेरी ही बाट जोहता रहा,
हर पल साँसों ने खिलवाड़ किया,
फिर भी साँसों को थामे रहा।

सुबह हुई और शाम भी आई,
साथ धुंधली-सी यादें लाई,
मतलब इसका यह नहीं
तुझको भूल गया हूँ मैं।

अगली सुबह के इंतज़ार में
तेरे आने की आशा रखता हूँ,
साथ ही तेरी यादों को
नवीन प्राणों से,
सींचता हूँ।

२.

उस किनारे का एहसास
अब भी है ताज़ा,
जिसके मध्य बहते
उस शांत, शीतल पानी में–
भोर के समय,
कोहरे से भरे वातावरण में,
दाँत किटकिटाती मैं
स्नान करने न करने के
द्वंद्व के बीच
आगे बढ़ी मैं।

और तभी सामने
बुत समान,
स्थिर, निर्विकार और अडिग - आदमी को पाया।

जो उस बर्फीले जल में,
क्षीण वस्त्रों में,
अडिग खड़ा,
सूर्य-नमस्कार कर रहा था।
उसके तेज के आगे
नतमस्तक हो

मेरे कदम बढ़ गए
उन बर्फ-सी ठंडी सीढ़ियों पर—
नापने स्वयं को।

17. स्त्री

१.

आग हूँ, आँधी हूँ,
गर्म हवा का तेज़ झोंका हूँ,
पर चट्टान भी हूँ अडिग,
अनंत आकाश-सी विस्तृत—
हाँ, मैं भी एक इंसान हूँ।

पानी बसता है मेरे अंदर,
दिल मेरा ममता का समंदर,
जिसमें अनगिन मोती भरे,
सबको मोती बाँटूँ मैं,
फिर भी मुझे ही क्यों रोना पड़े?

अब और नहीं सहूँगी,
मुझको भी अधिकार है,
हाँ, अब अपने हिस्से की
खुशियों के संग जिऊँगी।

२.

आजकल जब कभी
कुछ सोचती हूँ,
सोचा नहीं जाता है।
विचारों का सैलाब न जाने कैसे
समंदर में बह जाता है।
सूरज की लाली,
चंद्रमा के प्रकाश को मैंने भी सराहा,
पर हर वक़्त न जाने क्यों
मेरा दिल कराहा।
सुबह की भीनी धूप
बादलों के पीछे से,
रात की झिलमिल चाँदनी–
ऐसा लगता है, दोष मुझको ही देती है,
क्योंकि
अमावस्या मेरी वजह से होती है।
आजकल लोगों की आँखों में
मुझे देखने का डर समाता है,
जो मेरी मनहूसियत को
जीने की एक और सीढ़ी चढ़ाता है।

18. तलाश

है हर किसी को,
किसी न किसी की तलाश।
कोई सागर में मोती ढूँढ़े,
कोई मोतियों में ख़्वाब।

सागर के किनारे भी
क्या कभी मिले?
हर पल ये दूरी
क्यों बढ़ती गई?

किनारों को क्षितिज पर,
मिलते देखा,
मैं चला तो सही,
पर हर बार
सरहद दूर ही मिली।

ये तलाश है ऐसी
जो तलाशती गई,
कभी ख़त्म न हुई।

19. तारामती

अकस्मात गहरी गर्त में गिरा,
परत दर परत खिसकती रही,
गर्त और गहरी होती रही।
कहाँ कभी आसमान की ओर
सर उठाकर खड़ा था मैं,
मौसम के बेहाल थपेड़ों में भी
मज़बूती से अड़ा था मैं।
प्राचीन नगरी की शान था मैं,
दूर बिखरे गाँवों की आन था मैं।
आज पर्यटन के नाम पर
बिखरता जा रहा हूँ,
पर रख-रखाव की सीमा में भी
नहीं आ रहा हूँ।
दीवारें ढह रही हैं, पर
देश के नाम पर
सब सहता जा रहा हूँ मैं।

20. आईना

१.

तस्वीर मेरी आँखों में बसाकर,
बरबस कुछ कहने को होता है।
बोलता नहीं, मगर निगाहों से
जाने क्या-क्या कहता है।

मन मेरा, जान उन कमियों को,
उन्हें चुपचाप पूरा करता है,
जिनका संबंध व्यक्तित्व की
सूक्ष्म बारीकियों से होता है।

२.

हमने बहुत कुछ देखा-सुना,
पर हर पल, हर साज़ जैसे
तुम्हें ही आवाज़ देता है।
मेरे हर सपने का उद्देश्य–

कर्म की सही दिशा,
अंतर्मन का परीक्षण,
आवश्यकता पड़ने पर
तुम्हें ही याद करता है।
क्योंकि मनोवृत्ति चाहे जैसी हो,
अंततः दिल तो
दिल ही रहता है।

21. ऊर्जा

जीवन के निराश क्षणों में
सूरज-सा उगना है तुम्हें,
अपनी ही लालिमा की ओर
अभी बहुत तकना है तुम्हें।

बेचैन क्यों बैठे हो,
ज़रा चैन तो ले लो,
फिर से वह ताज़गी समेटो
जो बचपन में पाई थी।

लक्ष्य अभी दूर नहीं,
ऊर्जा अभी बहुत शेष है,
इन तारों से क्या डरना
जो सुनने में ही ठंडे हैं।

तुम्हारी एक साँस की तपिश से
क्षण भर में पिघल सकते हैं,
ये तो वे हैं, जो ऊर्जा तुमसे ही लेते हैं।

अब बस नई सुबह के आकाश में

दीप्त होकर चमकना है,
और इन, काली रात के पंछियों को
पीछे धकेल, आगे बढ़ना है।

थकान को पीछे छोड़कर,
आशा का ध्वज उठाना है,
जो स्वप्न अभी अधूरे हैं,
उनमें फिर से प्राण जगाना है।

अब नई भोर के आकाश में
स्वयं सूर्य बन जाना है,
और इस काली रात की छाया को
अपने प्रकाश से मिटाना है।

www.ingramcontent.com/pod-product-compliance
Lightning Source LLC
Chambersburg PA
CBHW070648240926
51846CB00003BA/833
* 9 7 8 9 3 7 6 4 2 9 9 3 6 *